Nicolas BOUREZ

# LE CŒUR PLEURE QUAND LES YEUX BRILLENT…

Le cœur pleure quand les yeux brillent…
Nicolas BOUREZ

Direttore di Redazione: Jason R. Forbus
Grafico: Gennaro De Filippis

Ventus Editore
Gruppo Ali Ribelli Edizioni Srls
redazione@aliribelli.com
Gaeta


ISBN 979-12-5633-011-9

# Le cœur pleure quand les yeux brillent



## A cœur vaillant



## A cœur perdu

# Estelle

# Présentation

Très jeune, j'ai éprouvé le besoin de mettre des mots sur ce que je ressentais, sur les blessures de la vie, et sur les quelques joies que je vivais profondément, bien souvent dans la solitude. Les moments difficiles ont ce côté positif qui nous oblige à être plus forts pour affronter les suivants, mais nous ne devons pas pour autant perdre cette sensibilité qui fait notre humanité. La poésie, autant dans la lecture que dans son écriture, permet de conserver le goût du sensible et du beau. Cela apporte à celui qui réussit à traverser les épreuves de sa vie tout en développant son expression créatrice, à travers l'écriture poétique, une vraie sérénité intérieure et une belle leçon de volonté de poursuivre l'aventure, tourné vers l'extérieur grâce à son harmonie intérieure. La poésie enchante les cœurs et réconforte l'âme.

J'ai tout naturellement eu le besoin d'écrire des vers pour dire ce que je ressentais sans m'étendre longuement car je n'en avais ni le courage ni le temps. J'ai très souvent jeté les fruits de cette écriture, par colère, refoulant les traces de ce passé qui m'encombrait et que je mettais là, sur une feuille ; par dépit, car je jugeais trop médiocre le résultat de mon élan poétique ; par peur aussi, car je me voyais bien trop malheureux dans les vers que je relisais…

J'ai enfin réussi à écrire mon histoire dans un livre essentiellement autobiographique « Dans l'entre-moi » avec une dernière partie plus réflexive exposant mes idées sur la société en relation avec les expériences de mon vécu. Néanmoins, je conserve très souvent un regard plus attendri et curieux envers les œuvres poétiques car mon attirance vers les mots, leur sens profond, l'attrait de leur juxtaposition dans un espace assez réduit, dans la nécessité d'être aussi précis et vrai, pour être authentique et beau, tout ceci fait de la poésie à mes yeux, l'expression précieuse, le phare choisi pour éclairer mes sens.

J'ai donc eu très logiquement l'envie de proposer un recueil de poèmes variés, assez court pour m'obliger à n'y laisser que l'essentiel, les vrais instants de la vie, joyaux de l'émotion heureuse ou meurtrissures indéfectibles du cœur, tout ce qui m'expose et m'enrichit, mais me conduit aussi sur le chemin de la douleur de multiples espoirs déçus…

J'ai trié et retiré certaines poésies, réécrit quelques vers, ajouté un mot, modifié une rime, bref j'ai effectué ce travail de retour sur soi-même, si coûteux, mais si riche pour ce qu'il apprivoise de soi et permet de nouveau le sourire indulgent du miroir. La force de l'écriture avec son cœur est d'abord une quête de soi, dans la connaissance de ses sentiments en acceptant sa propre sensibilité. Un jugement n'est jamais aussi impitoyable que le sien envers soi-même. L'écriture poétique rapproche l'esprit et le cœur, et les accroche l'un à l'autre pour enfin ne faire qu'un être réfléchi et sensible, cherchant l'expression par le beau à travers les mots harmonieusement disposés ensemble.

Une première partie « A cœur vaillant » regroupe dix poèmes sur des thèmes divers, liés par le désir, la volonté d'essayer d'effectuer un pas vers la vie, vers l'espoir.

Dans la deuxième partie « A cœur perdu », davantage empreinte de tristesse et de rapports douloureux entre les cœurs, je dresse avec douze poèmes une palette de sentiments très durs au regard de la mort des êtres aimés ou des espérances passées à jamais perdues.

Avec « Estelle », dernière partie composée de vingt-six poèmes, je retrace l'histoire d'amour impossible entre deux êtres qui se perdent, puis se retrouvent et passent tout près d'un beau rêve. Je me place du côté du narrateur, amoureux passionné de cette muse pour qui il écrit ces nombreux vers ; elle, le chérissant sincèrement mais sans la fougue de l'amour, restant dans la vie, n'effleurant le rêve que du bout des lèvres… La désillusion de cet amour déçu est immense, évidemment ; c'est aussi en cela l'expression d'une belle histoire. Je veux préciser ici que je ne connais pas de merveilleuse personne ayant la chance de se prénommer Estelle, le fruit de mon imagination et de cette volonté créatrice m'a orienté vers ce doux prénom que j'apprécie et qui me permet la distance avec toute réalité.

J'espère ce partage riche et source de plaisirs, parsemé de moments sensibles et de beaux sentiments qui suscitent le rouge aux joues ou les larmes aux yeux…

# A cœur vaillant

# Conte...d'Amour

Miroir ô mon beau miroir
Dis-moi si celle que j'aime
Comme je voudrais le croire
Ne rirait pas de ce poème

Qu'Alibaba me porte secours
Pour que l'entrée de sa maison
S'ouvre à moi avec amour
Et qu'enfin je retrouve la raison

Ou alors qu'elle soit frappée
Comme la plus belle des princesses
Par le plus beau des baisers
Je la réveillerai avec tendresse

Comme Peter Pan sans Clochette
J'erre sans connaître le chemin
Alors je cherche en cachette
Le secret pour qu'elle me donne sa main

# LE TEMPS DE L'ENFANCE

Accepterais-tu de retourner en enfance avec moi ?
Je serais le garçon réservé de la rangée côté fenêtre,
Je rêverais souvent en m'évadant de l'autre côté de la cour.
Et tu serais là, troisième place à gauche…la plus belle de la classe.
Je t'écrirais et tu serais sympa,
Tu essayerais de trouver ça joli.
Et tu me sourirais.
Et l'enfance s'en contenterait…

Nous jouerions à nous faire peur, loin du tumulte des autres,
Nous serions proches dans l'étrange et dans la discrétion,
Sans chercher à paraître comme tout le monde.
L'intérêt de la différence partagée en silence…
Je serais si charmé par tes regards et tes petites manies,
Que mes joues s'empourpreraient à chacun de tes sourires.
La chaleur des sentiments s'ajoutant à celle de la timidité.
Je t'imaginerais sensible sans aucune moquerie.

Peu à peu nous apprendrions à nous connaître,
Nous serions prêts à partager mille choses,
Abandonnant au futile les chahuts et la course,
Que des élèves s'évertueraient à effectuer chaque jour,
Fatiguant tout le monde et surtout la maîtresse…
Nous saurions extraire l'essentiel de ces bassesses,
Car notre regard l'un pour l'autre exprimerait déjà
Que de l'enfance, nous étions à jamais éloignés.

Pour vivre notre amour tous les deux, ensemble,
Nous échapperions à la morne journée des écoliers,
Nous partirions main dans la main, courant dans le vent,
Et porterions loin nos voix, riant, souriant, si vivants.
Notre quotidien, morose, s'évaporerait d'un seul coup,
Par la magie de nos liens nous serions délivrés
De cet espace restreint où l'on voulait nous enfermer.
Nous serions déjà grandis par notre amour de la vie.

# MAUDITE BLONDE

Petit bout de papier, petit cylindre de tabac
Qui proclame ma mort et filtre ma vie
Je voudrais t'échapper, te jeter en bas
T'écraser et dire que de toi je n'ai plus envie.

Te prendre dans mes doigts, te serrer très fort
Te regarder t'émietter d'un œil brillant
Et croire que pour une fois je serai le plus fort
Et parler de toi au passé, presque insolent.

Te remplacer par une pomme, une bière
Caresser l'idée de liberté et en être fier
Braver la dépendance en implorant le temps
D'être mon allié pour toujours et surtout maintenant.

Me répéter sans cesse que tu n'es plus désirable
Que depuis trop d'années tu pollues mon corps
Faire taire à tout prix la petite voix exécrable
Qui tendrement me chuchote "juste une encore ".

# LES CENT-UN (DALMATIENS)

Ils étaient cent-un
Et nous étions deux
Ils s'aimaient si fort
Que j'eus très peur

Mais la cruelle diablesse
Sorcière au manteau
Voulut voler ta richesse
Imaginaire si beau

Alors nous finîmes gaîment
De jeter un œil sur les 101
Et de garder l'autre
L'un pour l'autre

Quelques sourires complices
Le regard empli de malice
Et main dans la main,
Les doigts pleins de câlins…

A Fanny.

# MAL EN POINT…

"J'en ai plein le dos" s'écriait parfois le pauvre gueux.
Mais on ne sut jamais vraiment de quoi il parlait,
Car bien souvent, tout courbé, le malheureux,
Au lointain, frêle et claudiquant, sa voix s'épuisait.

Mais chaque jour, inlassablement, il passait lentement,
De la même démarche, presque rampant à l'horizon.
Nous l'observions dans le soleil couchant assez longtemps,
Comme si du regard nous le poussions tout du long.

Le respect que ce vieil homme à chacun de nous inspirait,
Tenait autant à la distance tous les jours parcourue,
Qu'aux innombrables efforts, pour chaque geste, toujours refaits,
Dans la douleur physique que nous savions, jamais disparue.

Mais l'homme allait, cheminant sûrement vers l'incertain,
Car sa force intérieure, sa volonté et son immense courage,
Le portaient, pas après pas, méditant vers son destin.
Lui, touchait l'essence même de la vie, par son grand âge !

# AVOIR BONNE MINE

Tailler ses crayons
Pour avoir bonne mine
Dessiner d'un trait l'espoir
Faire naître un joli sourire.

Brosser ses pinceaux
Pour être toujours de bon poil
Peindre l'émerveillement de la vie
Faire chanter et danser les âmes.

Préparer ses stylos
Pour être toujours à l'affût
De la magie de l'inspiration soudaine
Ecrire l'amour et la beauté du monde.

# QUARANTE ANS !

Quelques minuscules vagues délicatement posées au coin des yeux,
Un sourire pétillant de vie, ravageur et merveilleux.
Avec des images étoilées qui jaillissent des souvenirs,
Rêves de l'enfant au fond de toi, choyée et préservée,
Ancrés à jamais, pureté de l'innocence, et toute sa sensibilité.
Ne pas se voir vieillir est une forme de richesse de l'avenir,
Tant que tu seras jeune dans les sens et dans l'esprit.
Et de belles rencontres tu savoureras, la vie t'a déjà tant appris.

# CAROLE

Enivré par les vapeurs de l'alcool,
Dans un seul but, avec de belles paroles,
Je t'accoste pour obtenir un « revoyons-nous ».
Tu m'accordes cette grâce, étonnez-vous…

Une soirée offerte pour je ne sais quoi,
Un cœur grand ouvert, et pourquoi pas.
Me voilà pris à mon propre piège
Car tu es bien loin de mon piètre manège.

Cette nuit, tes petits soupirs, cris sans parole
Me font comprendre que tu n'as qu'un seul désir,
Te donner sincèrement dans des amours folles,
Et vivre le présent pour aller vers l'avenir.

Sois confiante et ne pleure pas Carole,
Je n'étais pas prêt, beaucoup trop figé
Très loin de toutes ces futiles paroles,
Toi, déjà vers le futur, moi coincé dans mon passé.

# L'ESPOIR… MIROIR DE SOI.

Vouloir de toutes ses forces
Désirer de toute son âme,
Un objet, un événement ou encore
De belles histoires, un grand voyage,
C'est toujours dire sans le savoir
L'idée nichée tout au fond de soi.

> Vouloir, l'espoir d'un soir ou d'une vie,
> La même chose, miroir de son envie.
> Force et courage s'emparent de soi
> Se dirigent vers la fontaine des désirs
> Et puisent chaque souhait, beau présage,
> Naissance et vie intime, nuée de plaisirs.

L'espoir, c'est la joie, la souffrance passée,
Douleur oubliée et force enfin libérée…
Surtout s'évertuer à ne pas les réveiller,
Ces démons intérieurs qui font parfois l'enfer
Des nuits aux regards clairs et solitaires,
Ces malheureux moments indéfiniment ressassés.

> L'espoir, c'est le sourire collé aux lèvres
> L'œil brillant, scintillant juste au-devant
> Tu es là, si belle et sensuelle, pleine de vie
> Vouloir, exprime la moindre étincelle, le feu,
> Miroir de l'instant qui reflète les étoiles,
> Que ton joli regard sculpte au firmament.

Vouloir tourner les pages de la vie
Sans froisser ni les âmes ni les lignes
Que les signes tracent d'un lent sillon,
Parfois maladroit, toujours un peu vagabond.
Malchance ou destin, l'incertaine aventure
Marque le plus souvent l'authentique écriture.

L'espoir du livre de sa vie bientôt écrit,
Sensible et sincère, un peu heureux aussi,
Sentir la force passer de l'action à la pensée,
Et guider son cœur d'un mouvement apaisé.
Vouloir simplement le beau et le bon pour soi,
L'espoir est bien le reflet du miroir en soi.

# UNE SOIRÉE, PETITS PLAISIRS
# ET GRANDS ESPOIRS…

Côte à côte nous nous baladions vers Saint-Michel,
Tu étais ravissante, tes sourires m'emportaient,
Nous marchions d'un pas lent au hasard des ruelles,
Et nos regards pleins de désir s'entremêlaient.

Assis face à toi je buvais tes douces paroles,
Observant tes mains, ta bouche, ton joli visage,
Dont je rêvais si vite dans des amours folles,
De tes cheveux sur tes épaules guettant le passage.

Le vent nous portait vers un péché mignon,
Riant, haletant, les sens aiguisés par le froid
De la glace qu'entre nos mains nous tenions,
Le calme de la Seine nous inspirait, je crois…

Mes mains cherchaient tes petits doigts frêles,
Et nos pensées silencieuses à un avenir fleuri
S'accompagnaient d'images toutes aussi sensuelles
Que nos deux cœurs inondaient, déjà unis.

D'une voix délicate tu chantonnais quelques vers
Nos sentiments emplis d'un romantisme si secret,
Se prolongeront dans l'éternité ou l'éphémère…
Dans le bonheur de cette soirée, nous étions si près.

Pour Hélène.

# À cœur perdu

# PARTIR SANS FUIR…

Ne pas claquer la porte,
Ne pas s'enfuir,
Penser qu'il importe
De ne plus fuir.

Prendre sur soi
Et constater sans égard,
Que le chic, la soie,
Sculptent les sentiments épars.

S'avouer sans détour,
Malgré les bas de laine,
Qu'il n'y a plus d'amour
Même s'il n'y a pas de haine.

Penser à soi, encore une fois,
Se dire qu'il faut partir… sans fuir.
Espérer que c'est la dernière fois,
Et emballer ses souvenirs.

# LA VIE D'UNE LARME

Sécrétée au plus profond du cœur,
Combattue par la raison et l'esprit,
Une larme prend naissance d'une peur,
Pourquoi est-ce ainsi fait la vie ?

Amertume, désespoir, consolation vaine,
La larme remplit peu à peu l'œil,
Exprimant par là toute la peine,
De la force de la vague fouettant l'écueil.

Cri de douleur contenu à l'intérieur,
La larme coule doucement sur la joue,
La tête baissée, le regard vide, ailleurs,
La tristesse envahit l'être, ultime remous…

Alors l'homme attend, le visage au vent…
La larme poursuit sa route jusqu'au menton,
Ses picotements lui rappellent qu'il est déjà temps
De faire face, se redresser et relever le front.

Mais la douleur de plus en plus stridente,
Appelle une autre larme, venant aider
La précédente à aboutir dans sa chute lente.
Et le silence s'accommode de ces pensées…

# LES ILLUSIONS PERDUES

Pourquoi toutes ces souffrances
Depuis la plus tendre enfance ?
Pourquoi tous ces cœurs perdus
Et ces espoirs à jamais déçus ?

Comment lutter seul contre l'errance
Nourrie par ces vaines espérances…
Dans l'immense vide pourtant combattu
Je me retrouve si souvent mis à nu !

Pourquoi nos cœurs ressentent l'importance
Des moments tristes, espoirs perdus d'avance,
Et semblent oublier les nombreuses rues
Traversées par nos rires et heureux vécus ?

Quand vais-je enfin vivre l'abondance
Des pensées riches en beauté et clairvoyance,
Savourer toutes ces petites joies vécues
Pour elles-mêmes et la simplicité presque nue ?

Espérer meilleure saveur que le goût rance…
Vivre les vrais sentiments aiguisés en partance
Pour le bonheur enfin trouvé dans l'inconnu
Du monde accepté sans crainte d'être parcouru.

Ainsi la vie ressentie en toute innocence
Des instants partagés entre amour et patience,
Me consolerait peut-être de ces illusions déçues
De tous ces cœurs aimés à jamais perdus.

# A TOUT PETITS PAS…

Partir, à tout petits pas,
Pour ne plus jamais revenir,
Braver l'inimaginable là-bas,
En rassemblant ici ses souvenirs.

S'avouer que c'est dur
Quel que soit son âge,
De se savoir aussi sûr
De devoir plier bagage.

Le temps est désormais venu
De se dire que c'est trop con,
Qu'à force de malentendus,
Il faut partir pour de bon !

Trouver la force en moi,
Garder l'espoir là-bas,
Se souvenir de l'émoi,
Partir, même à tout petits pas…

# JAUNE... CIRRHOSE

Mon vieux est déjà tout jaune
Et moi je marche dans sa zone
Cette merde me prend par les bras
Et m'amène pour le moins ici-bas

Cette ivresse imbécile
Qui fait de mes pensées des îles
Et quand le rêve devient délire
Les lèvres ne savent même plus sourire

Le malheur retourne se coucher
Le bonheur, lui, s'en est déjà allé
Faire un tour où l'air est pur
Et où les souvenirs durent.

# AU FOND DE LA GROTTE…

Il y a moi…et puis plus rien.
Un trou noir, froid…des idées sombres…


Un miroir un peu cassé
Pour me regarder, fatigué
Des bouts de papiers déchirés
Morceaux de vie éparpillés.


Pas grand-chose pour se dire
Que demain ne sera pas pire
Et qu'il faudrait remonter
Un peu moins con, lavé


De ce passé trop écrasant
De cette ivresse chancelante,
Et penser enfin à l'avenir
Sans l'angoisse de tout détruire.

# PAPA

A toi l'ami des vagues, du ciel et des poissons,
Te dire que mourir comme ça, c'est trop con.
Se remémorer les phrases que tu chérissais tant
Se dire "au revoir ", il est déjà temps.

Bientôt tu retrouveras celle que tu aimais,
Et que d'une tendre voix tu appelais "maman ".
Que cette femme qu'aucun de nous ne connaissait
T'accueille demain avec un sourire aimant.

Seule la vie vous séparait
Car l'amour toujours prégnant,
T'a empêché de faire ce que tu voulais
Son souvenir était sans cesse si brûlant.

De mon cœur, je veux te dire,
Une dernière fois tout l'amour
Que ces années et ces souvenirs
De nous deux, père et fils, resteront gravés ce jour.

# ADIEU JEF !

Au fond de la grotte, à Fontainebleau
Putain, faut voir c'qu'on était beau
A faire griller ces bananes au chocolat
Et à déconner, à rire aux éclats.

Je pense à toi, Jef, et je pense à mon père
Comment vous séparer, vous faisiez la paire
Et putain c'que vous avez dû vivre ensemble
Pour que la mort, si vite, vous rassemble.

Brassens disait « les copains d'abord »
Mais il ne pensait pas faire du tort
A tous ceux qui restent et qui vous aiment
Et qui ne peuvent plus cacher leur peine.

Adieu Jef, je fume un cigare
Les yeux brûlants, pâle regard
En pensant que tu méritais tant
De vivre plus vieux, encore longtemps.

Pour Jef.

# Un adieu, des regrets…

Un père qui part, un cœur s'éloigne
Seuls mes souvenirs en témoignent
Sous un ciel voilé par la pénombre
De mes yeux éclairés par mon ombre

Quelques mots difficiles, un ton fragile
Pour exprimer un espoir un peu vil
Ensemble faire un bout de chemin
Et profiter l'un de l'autre, plus sereins

Mais la vie en a décidé autrement
Et les jours ont passé, lentement
Goutte à goutte, labyrinthe incertain
Qui paraît-il se nomme le destin

Ici ou là, où tu séjournes maintenant
S'il y a quelqu'un pour te recevoir
Qu'il te chuchote de temps en temps
Que tu restes à jamais dans notre mémoire

A papa.

# CRUELLE ANNONCE

Je suis le cancer, « bienvenue chez moi ! »
Au monde hideux, plein d'inconnus
Où, seule, l'envie est déjà effroi
Et où la vie s'étiole, mise à nue.

Que faire demain, si jamais…
Tu réveilles l'angoisse, la peur
Battements effrénés, entre un « oui », un « mais »
Ordure, tu préfères cette sale odeur.

Un jour la vie, puis l'incertain
Comment faire pour lui tenir la main
Être prévenant, vouloir tout partager
Mais toi, c'est en elle que tu veux rester !

Quelles images, quelles pensées
Pour un instant lui faire oublier
Comment oses-tu en elle t'installer
Et m'abandonner juste à côté.

Tumeur, cancer, je te hais !
Malade, encore belle, je l'aime !

Si je pouvais te chercher
Au plus profond de son corps
Je t'offrirais plus encore
Si tu te laissais attraper !

Viens, sors les armes, bats-toi,
Viens, prends-moi, bats-toi contre moi !
Mais, elle, laisse-la tranquille,
Elle est si belle et fragile.

Pour Monique.

# LE GRAND CŒUR DE PIERRE

Tout jeune, pour moi ton neveu, tu étais le grand Pierre,
Parfois dur, pour rigoler, souvent tendre en réalité.
Tu parlais peu, mais tu exprimais l'essentiel, sincère,
Surtout, tu disais simplement la vie avec ta sensibilité.

Car malgré ta grande carcasse et cette frêle armure,
Personne n'était dupe, chacun voyait ton grand cœur.
Tu voulais protéger ton âme des bleus ou des murmures
Des autres, parfois malveillants, qui t'enlevaient ton bonheur.

Nous aimions tant, enfants, te taquiner, t'entendre râler.
Plus tard, à tes côtés, nous apprenions le sens et l'élégance
Des belles pensées, de la profondeur des gestes répétés.
Tu appréciais et portais si haut les mots sincérité et prévenance.

Devenu adulte dans la force de l'âge, avec plaisir je t'écoutais
Me raconter ton enfance, ton Alsace d'avant et ta famille.
Je ressentais merveilleusement ces souvenirs qui comptaient,
Ton cœur battait la chamade pour que tes yeux brillent.

Dans la maladie tu es resté toi-même, fidèle à tes idées,
Ne pas vouloir peser sur les autres, préparer ton départ, l'organiser.
Malgré la fulgurance de cette fin de vie, si vite arrivée,
Tu as eu le courage de lutter, et à la fin de partir, presque libéré.

Tu nous quittes maintenant pour un ailleurs, dans l'au-delà…
Bien sûr, la tristesse t'emporte avec elle tellement, si terriblement.
Très souvent, nous penserons à toi et à tous ces mots ici-bas
Où tu nous montrais la vie et ton amour simplement, Pierre le Grand.

A Pierre.

# LA MORT

La mort est entière et seule,
Elle tourne autour de l'être
Qui refuse sa lente approche,
Et espère encore la repousser.

La mort, sournoise et vile,
Entoure chaque geste frêle
Chaque respiration fragile
Et aspire la force si faible

La mort ensevelit sur son chemin
Le râle lourd et profond
La sourde agonie de l'homme
Et laisse le silence apaisé.

La mort est là, le silence fuit
Le silence est lourd, la mort est passée.
La peur est là, la douleur s'accroche
La tristesse explose, la mort dépassée.

A Diamantino.

# Estelle

# SI JE SAVAIS PARLER AUX FÉES

Si j'étais courageux, je chercherais l'image du vent qui souffle sur
moi,
Je chercherais les charmes que je devine et la vie qui sourit.

Si j'étais courageux, je ne saurais plus me taire et laisserais cette
petite voix
Dessiner l'histoire d'une rencontre entre deux personnages
mystérieux...

Si j'étais courageux je te trouverais et je te dirais que je suis là sous
le charme,
Mais je t'attends sans doute en vain en espérant que tu puisses être
forte pour nous deux.

J'imaginais une situation bien assez compliquée avec des dédales
sinueux...
Et je reste figé, pris par la légèreté de ton sourire et la plénitude de
ta beauté.

Tant de pensées simplement partagées avec l'envie de te découvrir
davantage,
Et reste le sentiment idiot de n'être plus qu'un enfant amoureux
d'une fée...

# SI SEULEMENT...

Si seulement je savais parler
Mes larmes pourraient couler
Ou mon rire s'envoler
Hélas, je ne sais qu'aimer.

Si seulement j'osais t'embrasser
Mes mains pourraient te caresser
Ou toi, délicatement me repousser
Mais je ne sais que t'admirer.

Si seulement je pouvais t'oublier
Ou mes pensées raisonner
Et mon cœur de courage se gonfler
Et mes yeux de mon amour te parler.

# ABSENCE

*Tu* reflètes les plus belles étoiles dans le ciel de mes pensées
*Me* rapproche un peu de toi, rêveur, en les regardant briller
*Manque* ta présence enchanteresse, si sensible qui me ravit
*Chaque* geste est une œuvre d'art, adorable hymne à la vie
*Jour* après jour je guette tes regards et espère mille sourires.

# FLEURS POSTALES

*Illustration: Laura Glaçon*

Quelques jolies fleurs aux couleurs naturelles
Parfumées de vie, essences de mots doux,
Sensuellement les disposer, fragile aquarelle,
Les préparer à ce voyage essentiel pour nous.

Cacheter délicatement ce magnifique bouquet,
Découverte saisissante de ces multiples splendeurs,
Que le souffle d'amour apporte dans le matin frais,
Offert au milieu, un frêle morceau de mon cœur.

# PENSÉES MATINALES

Je te devine rayonnante et si belle,
Pétillante de vie, aux mille splendeurs,
Comme les étoiles, merveilles du ciel,
Tant de beautés qui enchantent mon cœur.

# TON REGARD

Comme un éclat de diamant posé sur une nuée d'étoiles,
Orné d'un léger balancement de tête et d'un charmant sourire...
Qu'aucune pensée ne saurait détourner de son pouvoir envoûtant,
Un si long moment avec une envie folle d'y plonger tout entier...
Invitation au bonheur, merveilleuse image scintillante de plaisirs,
Nuage étincelant de mille feux, explosion de désirs...

# TA VOIX

Les yeux fermés,
Du plus profond d'un rêve lointain,
D'entre mille et une voix,
Je reconnaîtrai celle qui me charme.

Un peu cassée, parfois rapide,
Tantôt chantante, ou chancelante,
Ta voix, ton âme, dit beaucoup de toi,
De tes blessures et de tes joies.

La nature que tu admires tant,
A mis tous ses charmes en toi,
Et quand tu parles ou chantes,
Ce sont de magnifiques paysages,
Qui s'offrent à celui qui sait entendre,
Et tes émotions par amour comprendre.

# AMERTUME

Refuser de vivre de peur de mourir
N'est-ce pas là la plus grande illusion
Exprimer sa crainte certes mais agir
Pour ne pas avoir des regrets à foison

Ces sentiments vifs et ardents pour toi
Surgissent si profondément en moi
Que tes réponses même fragiles en toi
Étaient de précieux présents pour moi

Que tu m'offrais en cadeau pour mieux
Te connaître et t'admirer à l'envi
Et si j'étais toujours si audacieux
C'est parce que j'envisageais cette vie

Illuminer tes rêves aurait été une joie
Mais des ténèbres, tu préfères prendre
Pour facilement t'éloigner, une autre voie
Et sur ton ressenti aussi te méprendre

Alors je te laisse tenter de méconnaître
Cette relation que nous avons construite
Pour que tu restes ici avec ton mal-être
Apparaîtra un jour cet oubli dans ta fuite…

# LE DÉPART

Te voilà partie…
Beaucoup trop vite, sans vraiment dire au revoir.
J'ai trop envie de te rêver auprès de moi,
De te retrouver, de te regarder sourire…

Je refuse ce silence qui gronde en moi,
Je ne veux pas médire de toi…
Pourquoi n'as-tu pas souhaité enfin parler de nous ?

Je ne te suis pas indifférent…
Je le sens bien,
Je crois que tu refuses de l'admettre au fond de toi,
De me le dire.
Que crois-tu défendre ainsi ?
Nous allons passer si près d'un magnifique rêve…

Tu me plais pour toutes tes manies,
Tes sourires, tes silences,
Et pour ton regard si magnifique.

Je suis le petit lutin qui cherche en vain le chemin pour retrouver sa fée…
Je suis le petit enfant qui ne sait plus comment faire
Pour réussir à avoir un regard bienveillant,
Un sourire de celle qu'il espère voir devenir son amoureuse.
Je suis tout petit devant tant de sentiments que je ne sais plus interpréter…
Mais que je ne peux plus cacher non plus.

Alors je te cherche partout, dans mes pensées,
Dans mes rêves, dans mes voyages intérieurs…
Je t'imagine me répondre,
Je t'imagine me dire que tu reviendras,
Que tu n'es pas loin,
Que j'ai raison de t'attendre.

Je crois que je suis un peu perdu dans cette contrée si lointaine…
Je ne pensais plus m'y aventurer un jour.
Dans ce pays des amoureux.

Comment te dire que ce sentiment n'est pas « si peu »,
Comme tu sembles l'imaginer.
Tu n'es pas juste une jolie femme,
Tu es belle en toi par tes pensées et tes actes auprès des autres.
Tu dois en être fière !

Tu rayonnes autour de toi, je suis subjugué par toi.
Et submergé par les sentiments que tu m'inspires.

Tu as irradié mon cœur.
Je ne pensais plus pouvoir ressentir cela depuis longtemps déjà,
Et te voilà.

Petit à petit, j'ai appris à te regarder, émerveillé, et à te comprendre
Je sais bien que je ne te connais pas suffisamment pour te deviner toujours,
Mais je t'imagine souvent sans me méprendre.

Et je n'ai que plus envie de partager ces moments et de te découvrir davantage.
Ne me laisse pas… seul avec toi au fond de mon cœur,
Sans te voir, te sentir souvent auprès de moi.

Reviens vers nous !

# TOURMENTS AMOUREUX

Toi que je voyais si belle
Que jamais je n'aurais crue si cruelle
Pourquoi me faire tant souffrir
Moi qui ne cherche qu'un sourire.

Je voyais l'amour dans tes yeux
Et déjà nous imaginais joyeux
Je n'y vois que le bleu de la mer
Et je m'y perds le regard triste, amer.

Pourquoi m'ignores-tu, indifférente
Seul avec mon désespoir, je me tourmente
Comment te plaire pour éviter que demain
Je ne perde à jamais l'espoir de ta main.

Je ne peux imaginer que tu sois celle-là
De tous mes rêves passionnés sonne le glas
Je veux encore croire en notre amour
Car dans mon cœur il brûle pour toujours.

# TANT D'AMOUR CACHÉ…

La lune éclaire mes pensées
Seul miroir de mes sentiments
Que le soleil m'oblige à cacher
Et pour tout le monde faire semblant.

Et tous ces mots qui se froissent
Toutes ces pensées qui s'entrelacent
Seul dans cette nuit qui me glace
Avec tout cet amour qui m'angoisse.

Tous ces mots que je te chuchote tout bas
Qui partent se cacher dès le petit matin
Pour que personne ne les entende au loin
Et qui pourtant résonnent si fort déjà…

Attendre ton regard, espérer un sourire
S'imaginer partager un éclat de rire
Ne plus regretter ces mots qui déchirent
Et se dire qu'un jour on pourra partir.

Trouver un endroit où aimer ne sera plus rêver
Et enfin dans la lumière t'admirer
Te dire tout, rien, juste ces quelques paroles
Qui dans mon cœur sans cesse jouent la farandole.

# Bonne année Estelle !

Quel joli prénom, avec une consonance fantastique,
Aux innombrables rimes simples, riches et magiques,
Des plus simples, bien sûr, belle, naturelle et sensuelle,
Aux plus profondes et précieuses, prunelle et essentielle !

Si parfois je m'égare vers les pensées les moins sages,
Je suis certain de retrouver peu après tant d'images,
De la délicatesse d'une fée aux airs épris de tendresse,
Que je ressens et espère de la plus belle des maîtresses !

Mais revenons du pays des rêves à nos multiples réalités,
Et soyons ensemble, pour cette année, pleins de sincérité,
Restons l'un et l'autre près de ces pensées au parfum si doux,
Et profitons de ces moments de bonheur pur, le rose aux joues.

Une dernière rime facile avec ton magnifique sourire,
Que j'espère encore plein de joie, pour entendre tes rires,
Cela exprimerait l'attention réelle, ressentie et partagée,
Que nous nourrissons l'un pour l'autre en toute simplicité.

Bonne année, belle Estelle !

# Toujours admiratif,
# amoureux silencieux…

Que tu es belle, chaque jour, dans tes petites robes légères,
Comme un mirage éblouissant, filant au gré du vent,
Tu inondes mes pensées qui s'envolent éphémères,
Images que j'aimerais tant admirer à chaque instant.

Je ne voulais pas te faire pleurer, douces larmes,
Juste conjuguer le verbe aimer, te tendre les bras,
Espérer pouvoir te regarder sourire, te parler de tes charmes,
Vouloir te consoler, sécher tes yeux et pour toi être là !

# RÊVERIE AMOUREUSE

Mes pensées silencieuses
Forment dans mon esprit
Des ombres merveilleuses
Chancelantes, pleines d'envies

Je t'imagine délicieuse
Et t'espère un peu heureuse
De savoir que tu m'envahis
Le cœur autant que l'esprit

Si je pouvais te parler
Mes yeux sauraient éclairer
La lueur d'espoir que tu nourris
A chaque sourire tu m'éblouis.

# UNE SIRÈNE EN COURSE

J'ai une chance inouïe,
Je le reconnais volontiers.
Sans aucune forme d'ironie,
Cette vision me fait rêver !

Une belle sirène s'envole,
De mes pensées vers le ciel.
Et tous les nuages caracolent,
Laissant briller cette merveille !

Dès la première lueur du jour,
Ou à l'ombre du crépuscule,
D'une tenue aux mille atours,
D'un pas léger de funambule,

Elle abreuve, inonde les paysages
Qui la regardent au loin courir,
De son allure frêle au mirage,
Que la vue d'une sirène fait rougir !

Pourquoi donc court-elle ainsi ?
Virevoltante dans l'air si frais,
Pour dire à la nature me voici
Et se parer de tous ses attraits !

J'ai admiré, j'ai vu, j'ai ressenti,
Je devine maintenant que ma sirène
En courant devient encore plus jolie
Car chaque jour la nature en fait sa reine !

# LA COUR SPONTANÉE… MAIS ÉPERDUE.

Est-ce un jeu, entre celui qui parade et
cette beauté malicieuse cachée…

Fait-elle semblant de rester de pierre,
lui trouvant le charme énamouré.

Et sur ce petit vase, le joli cœur protégé
du vent et de la rosée du matin

Bat très fort en écoutant ces doux mots
d'amour prononcés d'un ton câlin.

En relisant les poèmes, écrits dans la
pénombre à la plume de l'audacieux

Qui se laisse guider par ses sens aiguisés
et ses sentiments bienheureux.

Pour chasser les nuages de ses rêves et
que le ciel de ses jours s'éclaircisse…

*Illustration: Laura Glaçon*

Le soleil réveillera alors sa jolie muse prenant conscience sous la malice,

De la beauté de leurs cœurs et de la pureté des relations qui les unissent.

# RÊVE D'UNE ÉPOQUE LOINTAINE

Tu me dis vouloir voyager,
Avec moi dans un imaginaire
Que nous pourrions partager,
Et voir l'amour comme naguère.

Ce serait un merveilleux voyage
Fermons les yeux, laissons dès aujourd'hui
Nos belles pensées divaguer vers ce rivage
Sentiments troublés par tes charmes, éblouis.

Je t'écrirais des lettres enflammées
Pour rosir tes joues, ton sourire malicieux,
Et attendre de voir tes yeux me gronder,
Ta colère feinte ajoutant un peu de mystérieux.

Rêve de princesse aux sourires ravageurs,
Eternels sentiments d'amour inspirés
Par toi, jolie magicienne du cœur.
Amour toujours. Pris, épris. Pensée, aimée.

Une fée tisse sa toile et emprisonne mon cœur
Comme tu embellis tout ce qui t'entoure !
Subjugué par autant de beauté, pur bonheur.
Comment pourrais-je ne pas être inondé d'amour…

# SINCÉRITÉ PARTAGÉE

Tu m'as comblé, me chuchotant vouloir aller où j'irai,
Restons-là, ensemble, entre simplicité et sincérité !

Comme j'aimerais te parler avec mes yeux, mon cœur,
Majestueuse en mouvement, aux mille raisons d'être admirée.

Eternellement sensible, tu es aussi belle de cœur que de visage,
La simplicité et la pureté dans le regard épris d'humanité.

Reste aussi magnifique en pensées qu'en sourires,
Merci d'être là, merveilleuse, toujours aussi jolie.

# BELLE, INFINIMENT !

Tu es une belle personne en plus d'être une jolie femme.
Comme une princesse sur laquelle le temps glisse
Et ne laisse aucune écaille.
Comme une sirène, belle le jour et scintillante la nuit !

Je t'aime autant pour ce que tu donnes à voir
Que pour ce que tu laisses imaginer.
Rêve éveillé, parfum de vie,
Chaque jour éclairé par tes magnifiques sourires.

Mon cœur enveloppe mes sentiments
Que je t'envoie par milliers de pensées pleines de douceur...
Tu brilles infiniment et dissémines des myriades d'étoiles,
Chaque jour plus jolie, comment fais-tu pour m'éblouir autant ?

Tu files au vent, embellissant la nature de ta présence.
Les oiseaux chantent pour accueillir leur déesse...
Je veux t'aimer chaque jour de mon plus bel amour.
Tu es la magnifique fleur qui fait battre mon cœur.

Tu n'es pas sûre de mériter tant de compliments ?
Regarde-toi dans mes yeux et admire-toi, sincèrement !

# Souvenirs rêvés
# d'un magnifique amour

Je me souviens d'un visage
Aux douces lignes
Belles et fragiles.
Les yeux fermés, je devine
Chaque battement de cils
Résonne dans mon cœur
Et frappe la cadence
Au rythme de mon amour.

Je me souviens d'une voix
Aux doux accents
Sensuels et chantants.
Dans le silence, je ressens
Chaque note de musique
Affole mes rêves, chantonnant,
Et marque le temps
Au son de mon amour.

Je me souviens d'un sourire
Douces courbes des lèvres
Magnifiques et sensibles.
Les sens en éveil, j'imagine
Chaque nuance, une vive émotion
Emballe mes pensées affriolantes
Et décline mes sentiments,
Tout l'éventail de mon amour.

Je me souviens d'un chemin
Au difficile parcours
Etroit et sinueux.
Vers le bonheur, je le suis,
Chaque pas effectué
Rapproche mon cœur chancelant
Et inonde mon âme
Des charmes de mon amour.

Je me souviens d'un rêve
Aux doux parfums
Légers et enivrants.
Dans l'obscurité, je regarde,
Chaque détail de ton corps
Réveille mille passions
Et ouvre mes yeux éblouis
Par tant de beauté, mon amour !

# La guêpe

Une jolie guêpe,
Tournoyant au gré du vent,
Virevoltant autour de moi,
Dans une sorte de ballet improvisé,
Finit par se poser sur mon cœur.

Une violente piqûre
Me fit chavirer
Et perdre la raison.

Me voilà au pays des rêves,
Des mille et une merveilles,
Le cœur battant la chamade,
Les yeux éblouis par tant de beauté.

A mon réveil,
Je m'aperçus que la guêpe
Était encore tout contre mon cœur.
Elle avait retrouvé sa fière allure
Et son costume de jolie fée.

Le regard ébahi, je cherchais à me lever
Pour prononcer quelques paroles sensées.
Mes jambes tremblaient encore,
Affaiblies par toutes ces sensations.

Ma tête ne semblait plus m'obéir,
Seul mon cœur si vivant s'emballait
Et dansait la farandole dans ma poitrine.

Mes lèvres prononcèrent les seuls mots,
Voulus si fort de toute mon âme.
Vers toi, belle fée déguisée en guêpe,
Qui m'avait si joliment piqué,
M'insufflant son doux venin :

"Je t'aime".

# TES CHARMES

Pétillante de vie,
Tu irradies tout, autour de toi, de tes innombrables charmes.
Tes magnifiques sourires, tes regards sensuels,
La petite voix sensible que tu manies avec délicatesse…
Tout en toi inonde l'espace d'une telle sensualité, d'une présence si féminine,
Si belle que je suis toujours plus admiratif.

Tu me submerges de tes multiples charmes,
Mon amour pour toi est plus fort à chaque instant.
Tu me le révèles à chaque regard…
Je sens bien que tous les moments passés à tes côtés
Me feront t'aimer un peu plus.

Je ne peux plus me taire, ni cacher cet amour
Tant je suis sous le charme de ton être tout entier.
Charmante, un peu charmeuse aussi,
Pleine de vitalité et de jolies qualités,
Tu as réveillé en moi le désir ardent de vivre mes sentiments.
Depuis longtemps maintenant, j'ai appris à te regarder, à t'admirer
Je t'ai aimé toujours plus, toujours plus fort, toujours plus haut...

Laisse-moi t'aimer davantage,
Laisse-moi admirer toutes les merveilles que la vie a exaltées en toi.
Laisse-moi te dire chaque jour que je t'aime un peu plus que la veille.

Tes charmes sont éternels, je les conserve dans mon cœur.
Enfermés dans la mémoire de mes sentiments,
Ravivant la flamme de la vie, si petite loin de toi,
Mais si grande et intense dès que je pense à toi
Et que je te vois dans mes yeux avec mon cœur.

Tu irradies, tu me subjugues.
Pour toi je me surpasserai, j'irai chercher les nuages
Pour qu'ils s'éloignent de notre ciel et que brille le soleil de notre amour.

Pour toi, Estelle, je ferai tout ce que tu veux !

# Naturellement belle !

Tu es toujours belle, c'est incroyable !
Les autres femmes t'observent et t'envient…
Peu importe ton humeur, tu es belle naturellement !
Une faveur que la nature t'a faite…
Que tu magnifies chaque jour de tes sourires
Et de tes jolies paroles.

De lire ces tendres mots :
« Merci pour ce doux message,
Qui me réchauffe le cœur. »
A affolé mes sens, vibrations intérieures,
Comment te dire mon ressenti
Pour qu'enfin tu y croies ardemment ?

Merci à toi,
Merveilleuse Estelle,
D'illuminer ma vie,
De faire briller mon cœur,
De faire battre mes yeux,
De faire vivre mes rêves…

# ACCEPTERAIS-TU ?

Accepterais-tu un baiser
Tendrement déposé
Sur tes lèvres

Accepterais-tu un doux rêve
Virevolter tout sourire
Et rire de mes poèmes

Accepterais-tu une balade
Dans ce pays merveilleux
Et heureux tous les deux

Accepterais-tu un câlin
Caresses et soupirs
Au petit matin

Accepterais-tu mes silences
Ressentir mes pensées
Ensemble se deviner

Accepterais-tu une vie
Partagée tous les deux
Nos cœurs à jamais unis

# TRISTESSE, INCOMPRÉHENSION...

Mon bel amour s'enfuit
Mon cœur brusquement se fige.
Déchirure effroyable, glaçante.
Intense, mon regard flou me brûle.

Mon grand amour s'évanouit
Au plus profond de mes sourires.
Paralysie faciale, terrible éternité
Les yeux secs, totale perdition...

Ma jolie princesse s'envole
Vers de nouveaux cieux lointains.
M'exprime une indifférence feinte,
Blessure immense, inutile fuite.

Jolie fée, belle magicienne
Où as-tu enfoui ta sincérité ?
Tu as le droit de choisir l'amer
Sans nier aimer le sucré !

Triste femme, tu pars seule
Emportant un rêve si fragile,
Qu'après quelques pas effectués
S'émiettera ce peu de sérénité !

Mon bel amour s'en va, impassible.
Tu aurais pu dire adieu, honnête.
Et saluer les beaux moments magiques,
Sans tout détruire par peur des souvenirs.

Comme j'aimerais que mes yeux pleurent
Pour que mon cœur s'assèche un peu...

# QUAND LES YEUX BRILLENT...

Tous ces mots, toutes ces heures de bonheur,
Tant de sentiments vécus avec ardeur,
Pourquoi ce vide, cette solitude immense,
Alors que mon amour pour toi est si intense...

D'une peur naissante, tu balaies notre avenir,
Lui préférant le simple déni de notre devenir.
M'obligeant une nouvelle fois à me cacher,
Car tu t'es jouée de moi et de ma sincérité !

Aujourd'hui, je revis tous mes espoirs déçus,
A travers nos échanges, lentement relus.
Je ressens si profondément tes beaux sentiments
Que je ne peux croire en ce soudain revirement.

Même ta voix si jolie devient fébrile,
Quand tu me regardes, tes yeux scintillent,
Tout en toi marque l'inverse, exprime l'envie,
Pourquoi choisis-tu de renoncer à cette vie ?

Je te connais si belle et si fragile,
Te voilà devenue cruelle et un peu vile...
Comment puis-je t'oublier sans me renier
Depuis si longtemps je n'ai fait que t'aimer !

Chaque matin je me lèverai riche de mes pensées
Vers toi, ton parfum, tes paroles enchantées,
Inondé de toi, de tous ces jolis mots qui fourmillent…
Décidément, le cœur pleure quand les yeux brillent !

# Postface

Je suis intimement persuadé que notre société doit retrouver de toute urgence le sens des mots, et donner envie aux plus jeunes de jouer avec, de s'approprier leurs différentes facettes et l'immense joie que l'écriture peut nous procurer intérieurement. Savoir dire et écrire son ressenti est malheureusement très peu valorisé dans notre éducation, notamment à l'école.

C'est une perte de sens étrange, au moment même où nous déplorons collectivement une violence sans cesse plus grande, sans cesse plus insupportable et toujours renouvelée par des personnes en mal d'être là, sans repère et ne pouvant exprimer leur mal-être.

La poésie pourrait tant apporter à cette génération pour laquelle l'apprentissage du français a laissé un goût amer d'inachevé. En classe, ou avec les élèves de l'école que je dirige, j'ai très souvent abordé le sens des mots, l'expression écrite dans ce qu'elle apporte de meilleur comparée à l'oral, notamment dans la possibilité offerte d'y revenir, de l'amadouer peu à peu et d'affiner la correspondance avec notre ressenti profond. Mais il manque à une grande partie de cette jeunesse plus de confiance qu'il n'y paraît, et bien sûr la connaissance du vocabulaire exceptionnel que nous offre notre belle langue.

Nous devons défendre ardemment le français pour ce qu'il est, mais aussi pour ce qu'il pourrait bientôt n'être plus : notre vecteur de communication qui nous distingue du reste du monde, et qui nous unit au sein de cet ensemble trop souvent nuisible à l'identité affirmée, paradoxalement facteur du culte de la différence. Comment donc exposer notre différence en tant qu'individu si nous ne maîtrisons pas les rudiments de notre propre langue. Les langages mondialisés, qu'ils soient écrits (novlangue, anglais…) ou numériques (émoticônes, signes…) permettent des échanges universels mais superficiels, et semblent très pauvres pour parler profondément de chacun de nous. Notre spécificité ne doit pas se diluer dans l'immensité des messages qui font le tour du monde. Il nous faut savoir développer ces nouvelles capacités de communication sans renier et sans oublier de transmettre celles qui nous ont amenés à la situation d'aujourd'hui.

Notre civilité s'est construite avec notre langue également. Le français, par son immense vocabulaire, sa richesse grammaticale et la diversité de ses belles images, doit nous pousser à poursuivre l'aventure commune. Je suis intimement convaincu que les mots, bien écrits car bien pensés, sont la solution pour nous libérer des forces négatives qui veulent nous entraîner vers plus de violence, plus de souffrances. Savoir dire les maux, savoir écrire les bons mots pour exprimer les violences et les douleurs, passent nécessairement par l'apprentissage de la poésie pour cette frange de la jeunesse qui peu à peu retrouvera la confiance en sa capacité à exprimer son ressenti, à vivre l'altérité dans toute sa diversité sans chercher à tomber dans la violence ni dans l'exclusion.

C'est tout ceci que j'ai souhaité exprimer à ma façon dans le texte ci-dessous* rédigé il y a deux ans à la suite d'une publication qui déplorait la mort de la poésie, et des jolis mots.

Pour dire les belles choses. Je m'inscris totalement en faux au vu de mon expérience professionnelle car je suppose que nous avons tous en chacun de nous quelque belle sensibilité à partager ; la poésie, la musique ou la peinture également pour d'autres personnes. Aussi, je souhaite que l'école soit prioritairement le lieu de l'apprentissage de notre langue à travers le beau. La beauté des œuvres artistiques accompagnerait l'évolution de l'élève qui gagnerait peu à peu en assurance et en capacité d'expression de ses sentiments, abandonnant par là-même la violence inhérente à celui qui n'a pas les mots pour combattre ses maux intérieurs, ou ceux de la société. Nous avons donc une très grande responsabilité dans cette transmission qui porte également un immense espoir. Chaque ignorance peut se combler par la curiosité et l'ajout d'un savoir qui renforcera notre rapport au monde et embellira notre communication avec l'Autre.

# « Vive la poésie ! »

Mais non, bien sûr, la poésie n'est pas morte ! Il faut se laisser porter par les mots, s'abandonner à ses sentiments, se perdre dans ses rêves et saluer chaque rime. Passer d'une strophe à l'autre sans trop se fâcher avec la ponctuation, laisser quelques blancs, espaces imaginaires de la pensée, batifolant gaiement avec la rêverie, tendrement sentimentale ou délicatement sensuelle.

Parfois une simple phrase, ou quelques mots ajustés au mieux, que dis-je, accrochés les uns aux autres par la beauté d'une pensée, font déjà poésie.

Bel exemple avec Henri-Frédéric Amiel « La rêverie, c'est le dimanche de la pensée. ».

Bien sûr, il ne faut pas se croire grand poète, mais l'essentiel est d'amadouer les mots, les sons, et de les laisser s'amarrer ensemble à un vers ou à une phrase. Le temps de la relecture critique arrivera bientôt, mais laissons encore un peu l'imagination se glisser lentement sur une feuille blanche, y faire son nid ou y laisser quelques trésors… Ensuite la pensée aboutie mettra un peu d'ordre, portera parfois un jugement désapprobateur, mais qu'importe, l'imagination aura sa revanche car nous l'aurons laissée aiguiser ses sens et peaufiner sa qualité.

Puis, au détour d'une page, quelques vers s'assemblent et soudain nous voyons le début d'une belle image. Tout s'éclaircit rapidement, les mots s'affolent d'eux-mêmes, les lettres mal formées s'agglutinent, quelques points viennent butiner les i juste esquissés.

Il faudra très vite se relire et recopier sous peine de tout perdre car cet instant magique est aussi précieux qu'éphémère.

Nous voilà poètes… même médiocres, ou malheureux sur une fausse rime, même tristes de n'avoir pas traduit l'exactitude de la sensation ressentie et de n'avoir pas réussi à la retranscrire dans toute sa délicatesse… Poète un peu, c'est déjà bien.

Ne pas s'interdire certains thèmes, se faire confiance et laisser les sens nous guider vers l'expression de nos sentiments. C'est aussi cela être souverain, au moins en pensée. Pour que la poésie ne se meure et que les mots poursuivent leur valse lente au gré de l'imaginaire des éternels enfants. « Et des rêveurs nés… ou des grands sentimentaux amoureux des mots. »

* Texte publié le 24/10/2021, https://frontpopulaire.fr/opinions/contents/vive-la-poesie_co680773

# Notes

1- « Maudite blonde » : Je n'ai pas réussi à arrêter de fumer lors de cet essai qui m'a inspiré ce poème en 1996. J'ai tenu trois mois, et j'ai de nouveau fumé, très vite autant qu'auparavant. La petite voix exécrable était trop forte. Cette voix s'est tue en 2015 alors que je décidai de stopper net cette mauvaise habitude depuis trente ans, et je suis maintenant non-fumeur…

2- « Les cent-un » : En regardant le célèbre dessin animé avec mes enfants alors âgés d'environ quatre ans, ma fille prit subitement peur de la fameuse Cruella… Cette scène familiale m'inspira peu après l'écriture de ce petit poème que j'ai légèrement modifié depuis.

3- « Mal en point » : Il s'agit d'une projection de mon mal de dos très fréquent, et de plus en plus intense, en me voyant vieillir, davantage qu'avec ma cinquantaine actuelle. Ainsi, je me suis fait la réflexion un soir, alors que la douleur était assez importante, qu'il faudrait toujours conserver cette volonté d'aller de l'avant coûte que coûte, y compris au prix de nombreux et difficiles efforts physiques. Je me suis projeté dans un avenir, que j'espère aussi lointain que possible, et j'ai écrit ce poème alors que j'étais bien « mal en point », en pensant également à tous ces « vieillards » qui nous donnent de multiples leçons de vie, malgré leur grande faiblesse physique.

4- « Carole » : Souvenirs peu glorieux d'une époque où empêtré dans mon passé, les aventures d'un soir me laissaient parfois un goût amer, au regard de l'espérance suscitée pour celles qui versaient ensuite dans la désillusion, me renvoyant une piètre image de moi-même. Carole en a été un exemple significatif…

5- « Jaune… cirrhose » : J'ai écrit ce poème en soirée après avoir passé la journée avec mon père et l'avoir reconduit dans sa chambre d'hôpital où il était depuis plus d'un mois. Personne ne savait plus comment le soigner, et il est décédé un mois plus tard. J'ai de plus en plus conscience que je marche dans ses pas, et que je devrais absolument cesser cette consommation effrénée d'alcool.

6- « Au fond de la grotte » : Je me souviens exceptionnellement de mes rêves. Une nuit particulièrement agitée, après une soirée bien arrosée, me laissait à l'esprit des images surprenantes le matin au réveil.

J'étais dans une espèce de puits dont le fond n'apparaissait pas clairement. Je distinguais à peine la lumière du jour ce qui laissait présager une grande profondeur ; malade, sans doute fiévreux car je tremblais et dégoulinant de transpiration, je tentais en vain de m'agripper à une paroi pour l'escalader. Ses parois semblaient lisses et un liquide translucide coulait sur chacune d'elles sans jamais s'arrêter ni se déverser au sol. Bref, j'étais coincé au fond sans pouvoir remonter. Après de nombreux essais infructueux, vidé de toutes mes forces, je renonçais et m'agenouillais dans un coin en pleurant.

Ce matin-là, après avoir absorbé une bonne dose de café pour m'éclaircir les idées, et vraiment me sortir de la torpeur étrange dans laquelle me laissaient ces souvenirs nocturnes, j'ai écrit ce poème, exprimant clairement mon ressenti et les pensées sombres qui m'animaient à la fin de cet automne 2007 (extrait de mon livre « Dans l'entre-moi » page 49).

7- « Papa » : Poème rédigé juste après le décès de mon père, que j'ai lu lors de son incinération la semaine suivante. Son souhait clairement exprimé était d'être incinéré et l'urne contenant ses cendres rejoindrait la tombe de sa maman. Je crois qu'il n'avait jamais vraiment effectué le deuil de sa mère comme si la tristesse de l'événement était restée figée en lui, immortalisant ainsi l'instant tragique. Il était ainsi très souvent triste.

8- « Adieu Jef ! » : Le décès du meilleur ami de mon père, que je connaissais bien, m'a fait revivre le sien trois mois après, de manière encore plus intense. Une autre incinération au même endroit, cimetière du Père Lachaise à Paris, et les mêmes sentiments qui revenaient telle une vague encore plus creuse et plus violente qui s'échouait en moi, de plein fouet.

9- « Cruelle annonce ! » : L'été 2014, mon épouse est atteinte d'un cancer assez virulent, déjà bien installé en son sein. Opération, chimiothérapie, radiothérapie… tout est très difficile bien sûr, mais je crois que le plus compliqué à vivre est la phase du diagnostic, où les annonces se succèdent, et en l'occurrence étaient de plus en plus sombres. Aujourd'hui, complètement guérie, elle va bien. Je conserve de cette période le sentiment très étrange, ambigu et contradictoire, de relative impuissance alors que j'ai tenté d'être là à chaque instant, et bien sûr à chaque étape du lourd traitement de cette terrible maladie.

10- « Le grand cœur de Pierre » : Le peu de famille qui compte encore pour moi… s'en est allé encore plus avec le décès de mon oncle. J'ai écrit une lettre en son honneur pour lui rendre un dernier hommage le jour de la cérémonie. Quelques mois après, j'ai souhaité créer un poème issu de cette lettre dont j'ai conservé le titre, et le sens bien entendu.

11- « La mort » : Mon beau-père est très malade depuis plusieurs années, quand en janvier 2023, il est hospitalisé en soins palliatifs pour tenter d'accompagner la fin… J'ai écrit ces quelques vers dans ces circonstances très difficiles, en lui disant un dernier adieu, juste avant son grand voyage quelques heures plus tard ; j'en ai ensuite terminé l'écriture pour acter la fin et exprimer mon ressenti.

www.ingramcontent.com/pod-product-compliance
Lightning Source LLC
Chambersburg PA
CBHW070550160726
48003CB00005B/1972